Stefan Singer

Evil Body

Über dieses Buch:

Die Gedichte Stefan Singers stehen mit ihren beklemmenden Visionen dem Existenzialismus Samuel Becketts oder Roman Opalkas ebenso nahe wie der Dichtung amerikanischer Autoren der Beat Generation. In ihrer surrealen Zwischen-weltlichkeit zeigen sie die Ausweglosigkeit des in seiner spirituellen und sozialen Situation gefangenen Menschen.

Der einzelne Mensch erscheint reduziert auf ein Dasein als Kosten- und Nutzenfaktor, als Bestandteil eines Pools von Humankapital, dessen Elemente durch Panik und Bedrohung ihrer eigentlichen Bestimmung und Identität entgleiten und verloren gehen.

Stefan Singer

Evil Body

Gedichte

Bibliografische Information der Deutschen Nationalbibliothek:
Die Deutsche Nationalbibliothek verzeichnet diese Publikation in der Deutschen Nationalbibliografie; detaillierte bibliografische Daten sind im Internet über http://dnb.dnb.de abrufbar.

© 2023 Stefan Singer
Umschlaggestaltung Stefan Singer
Herstellung und Verlag: BoD – Books on Demand, Norderstedt
ISBN: 978-3-7578-4550-6

Evil Body

Vorwort

für Detlev, Heinz, Peter und Ingo (The 69th World War)

> „Alter Teich
> ein Frosch springt hinein
> das Wasser tönt"
>
> Matsuo Basho

> „Eine bitterkalte Winternacht..."
>
> Allen Ginsberg

> „All my tryin', ain't done no good.
> All my sayin', misunderstood!"
>
> Deep Purple

Bong of Frustration

The Egyptian:
„Dies ist eine atomar verseuchte Zone!
Bitte, verlassen Sie sofort das Gelände!
Achtung! Achtung! Bitte, verlassen Sie sich jetzt!"

Halbschlaffe, halbaufgeblasene Anti-Empfängnis-Maria-und-
Josef Sexpuppen.
Sie sind aus tatsächlicher, realer Wirklichkeit kopiert gemacht
worden, werden sein, gewesen wird.
Traurige, riesige Claes-Oldenburg-Teddybären.
Juden und Neger sind immer noch eingesperrt in
katholischen KZs aus Emmentalern.
Eingefroren wie in Dantes Inferno.
Beim Spielen schwitzen sie Aral und Einsamkeit.
Nie wird sich etwas daran ändern.
These, Antithese, Prothese.
Verstümmeln. Verstümmelt sterben im Käse-KZ.
Oder dort draußen auf dem Land in New York, draußen.
Dort siehst du das Licht deines Torsos, zappelnd und
krabbelnd, wie eine Rosette so schön.
Wie jeder Mensch weiß, wurden Adam die Augen, Ohren,
Hände und Füße amputiert.
„Er stützt dalisch seine Arschlappen auseinander, damit er..."
(frei nach Hieronymus Bosch).

Lustige Fliegen schlüpfen aus, erwachen und sterben.
(„Happy Flys")
I did not know, that I once knew myself.

Zu viele Finger verschleiern das Licht und Detlevs

authentisches Oratorium mit zerplatzenden Schädeln, die sich in Salzsäure auflösen.
Die Leute verstehen generell keine Kunst.
Und die Arterien sind immer noch nicht da!
„Hühnergurke" heißt in Wirklichkeit „überflüssig" in diesem altbabylonischen Saustall.

„Der Mensch taumelt. Vom Tode geboren, fleucht wie ein Schatten." (Vincent Price, und: Shakespeare?)

Heintje, Live in Alcatraz, spielt auf seiner einsaitigen Gitarre ein Lied über Amundsens letzten Pickelschlag am Sarg des Echnaton.
Verantwortet und verschlissen, die silbernen Gase, die zweitbesten.
Völlig überfordert fallen sie auseinander.

Nazis werden älter und leben länger, weil sie die stärkeren Rivalen sind am Schädel, dem Chaos blutender Irrer.
Nazis sind die Wahrheit der Evolution.
Sie schlafen in der Hysterie ihrer Extase ein.
Ewiges Leben in den Augen Embryos.
Und ich? Ich werfe meinen gesegneten Kot, auf das Grab einer alten Frau, rückwärts, in Englisch.

„Es ist kalt, Wasser dringt ein, wir bitten um Atemluft."
(Funkspruch von der versunkenen Kursk)
„Wir sind begeistert, überglücklich und sehr stolz." (Ehefrau eines Astronauten der Apollo 13, kurz nach dem Start)

„Hallo, Meine Daumen und Hören, gähnen Sie mich herren?"
In der Hölle sollst du faulen, Huckleberry Twain! Die Rache von Frankenmaus wird Deine Wurstbrote zerschmettern.

Dein Atem erblaßt vor der Größe und Würde des 2 Euro 49-igen und dem blauen Himmel über dem horizontalen Atlantik an einem kühlen Sommertag am Deck der „Pequod" im Nordatlantik.
Zerteilung findet durch Durchfall statt, ohne daß das Trommelfell zerrissen wird.

Und die Brüder von Hans rudern aus dem Anus.
Mitten in der frisch eroberten Luft.
Gute Bekannte, die es überhaupt nicht gibt, besuchen Dich, den es eigentlich nicht gibt.
Welche Lautstärke kann das menschliche Ohr nach vollkommener Stille ertragen?

Das Chaos besteht aus Einzelteilen, die eine Einheit bilden, deren Einzelteile nicht zusammenfügbar sind.
Ich liebe meinen Leichnam.
Denn ich bin schon tot.
Ich bin schon getötet.
Ich, euer Opfer.

Elefant

Die Geburt als Tod aus dem Nichts.

Blauer Himmel.

Weiße Wolken.

Nichts.

Birken tanzen und atmen ein im Sturm und aus im
strömenden Regen.

Einmal am Tag und einmal in der Nacht.

Und sie schlafen im Winter.

Aber der Mensch ist die kaputte Erfindung Gottes im All.

Herzliches Beileid zum Geburtstag aller.

Und der Wald verschwand im Blatt.

Das Blatt fraß der Wal.

Alle wurden getötet.

Herzliches Beileid zum Geburtstag.

Reich-Ranicki, sich über die Kloschüssel beugend.

Homo, homini, hominorum.

Nach dem Weltkrieg ist vor dem Weltkrieg.

„Falsch, setzen, sechs!"

Wer kann spannen den Bogen Nimrods über Dr. Doolittles
rosa karierte Polstermöbel?

Eklektizistische Kopfschüsse verabreichen!

Saturnös unmenschlich im totalen Totem-Afrikolarausch?

Ferne Extasen, wo sie sind, sind Kulturvölker, Affen und
Vögel.

Ich bin hier nur Gast in der Kraftzentrale Sephirots.

Ich habe nicht konzentriert und geschaffen.

Ich habe konsumiert und geschlafen.

Doch bin ich nicht das absteigende Licht ferner Finsternis!

Die Befreiung des Tantalos (für Kuno Knäul)

„Da macht einer einen Elefanten aus einer Mücke, die es gar nicht gibt! Ha! Ha! Ha!"
(Zitat aus einem Märchenfilm)

69th World War. Psychohysterischer Alptraum, so furchtbar klein in der Schlacht auf den marmolinischen Feldern. Ganz, ganz klein, innen, drinnen im Senf, so daß die Leute so von einander angekotzt sind, daß sie sich nur noch gegenseitig mit Laubblasmaschinen nerven wollen. Ja, es war die Zeit in der Peripherie des Zentrums der Vorsicht.
Conans Klagegeschrei als radikaler Ausweg (Involucro).
Die Ordnung im Universum.
Die Ordnung im Menschen.
Ehrwürdige Brüder, geliebte Söhne und Säue!
Der Runenschrei der Vergeltung, schleimtropfender Fingerknochen wandelt euere Gebeine in Pilze!
Plasma im Minarett.
Korkentürmchen, total down gebeatelt: „Deaths best Friend apealed by a schematic nurse."

Ein Monumentalgemälde von Emanuel Leutze: „Gustav Maggi bei der Erfindung des Kartoffelpürees" (Öl auf Leinwand, 6x10 m). Ich interessiere mich vor allem für erfolglose Künstler wie Kuno Knäul und Dussel Duck, die in der Stunde ihres Todes, die nie enden will, den Glauben an sich selbst letztendlich verlieren und in Hysterie verzweifeln.
Setzen! Sechs!
Töten Sie jetzt!
Sag sofort: Danke schön!

Wieviele Morde / Sekunde gibt es (Tomorrow)?
Isaac, Luther und die Meute wachen auf und verbinden
Metaphysisches mit gegenwärtigen Gliedern.
Ein persönlicher Stil reicht aus.
Der Lehrer, früher Mitglied der Wassen-FF, atmet durch und
ist erleichtert. Alfdofs Hilters erste Rede, nach seinem
Selbstmord 1945, an das deutsche Volk: „Das Entenhausener
Volk ist wieder stark geworden! Stark in seinem Willen! Stark
in seiner Beharrlichkeit! Stark im Ertragen aller Opfer!"

Der abgeschnittene Kopf in der Mikrowelle, der sich dreht
mit ausgequollenen, schwarzen Augen von Dante und
Kubrick. Die Kamera zoomt sich langsam heran, in den
offenen Mund, während J. S. Bach auf LSD und tausend
Zwerge im Gehirn die traumatischen Ereignisse endlos
bequasseln.
Pulchritudonominemumificiensis.
Omnes praesens sunt, quaeritur sine quo loco.

Die Dinge, die noch niemand kennt, sind da.
Die Apologeten, unverbrüchlich, haben zerstört,
verstümmelt, getötet.
Zerstören, verstümmeln, töten.
Werden verstümmeln, werden zerstören, werden töten.
Sie ererbten sich redlich ein Imperium aus Zungenpilzen und
beherrschen gemeinsam die aufblasbaren Torsi, gelb und
blau.
Beim Pinkeln schwitzen sie den Fall, der sinnvoll wäre.
In den Drang nach Neuordnung muß aber noch
unvermeidlich Luft!
Ist gewesen!
„Rudert gut und lebt!" (Ben Hur) und: „Strebt hin zu den
schönen Gaben der duftenden Musen!".

Hingegen entspricht der Mann, der Stefan E. erschoß, den höchsten Druckmitteln der Lebensentfaltung der wechselseitigen Dächer.

5% Pestizide im Salat!

12 Fliegen mit einer Menschenmonomonumentalmetall-maschinenwürde.

Die Freiheit der Würde ist unabstellbar.

Die Forderung der gesunden Vernunft.

Die Freiheit.

Der Aufstieg der Staaten.

Der hebräische Vietkong mit Migräne.

Er sitzt im UFO.

Und hat nur ein Klo aus Achselschweiß dabei.

Mein Leben ist traurig und unvollständig.

Resignation, Angst.

Alles, was vor mir war, ist weg.

Husten und „I can´t get out of myself".

Menschen, die zur Tür hinausgehen.

In England.

Wen interessiert das?

Keinen!

Und es ist der Weg des Fleisches erfunden.

Es ist: Der Esel.

Double Charlie.

Mesentery. Eject.

To emptify drowsy Flies.

Du dreckiger Affe.

Mästen

Robinson ging es schlechter. Vogelheiligtum, Zwitschern,
Looping. Die Erde, die wir gekannt haben, gibt es nicht mehr.
Eine Carbohydratwüste aus Klang.
Die Wunde wurde unsterblich, bevor Du gegessen wirst.
Ja, früher war es noch ein Privileg an einer Krankheit sterben
zu dürfen!
Das System der Sonne erleben wir jeden Tag.
Hirnhautgekröse. Raus durch den Auspuff auf trockenes
Land.
Kinder spielen mit Mini-Atombomben. Die Pilzchen reichen
nur bis zum dritten Stock.
Schneescheißchen kann Koks kacken, läßt den Briefkasten
überquellen.
Flaschenblödel und Koträppchen singen „Bacchus is back"
aus ihrer LP „Stuhlmädchenabort".
Das Schicksal war vorbestimmt, gelähmt und hat sich aus
Versehen selbst erschossen.
„Ein Mann fällt aus U-Bahn und stirbt in Düsseldorf um 7.00
Uhr!", in Farbe und in Stereo.
Du solltest Dich schämen! Schließlich fällt Regen verpackt auf
Richtmikrophone!
Getilgt. Geknetet auf die Brutstätten. Gebrochen und seziert.
Zwei von jeder Oberfläche. Invasion und Rückkehr.
Noch mehr amputierte Eiterkrüppel quengeln auf dem Fließ-
band. Aber Eiterkrüppel sind auch Endivien. Eiterkrüppel
sind Individumm, blöder als Salat und opportunistische
Micky-Maus-Lach-Yoga-Pseudobuddhisten.
Die Idee eines Riesenschlagzeugmobiles in Kairo.
Duscht sich ihr Gesicht in einer Kreissäge.
Dieser Mensch, für den alles gemacht war, transletal, Milch,

elend vagierend in bedeutungsloses Nichts. Ein unselbständiges, krankes Opfer, orientierungslos sein Dasein fristend.
Dieser Mensch, steht voller marinierter Zerissenheit in der Holzhaut und entleert das eiternde Zwitschern aus der Suppe, die nie endet.
Die Menschenfresser wünschen schönes Blutbad.
Ein Audiohitler könnte sich für Dich entscheiden.
Mahlzeit!
Mampf!
Gesundheit!
Lehn ab!
Zu wenig Globus!
In sich vergrabene Wohltaten mit wahnsinnig asozialem Anspruch rechtfertigen Folter nicht mehr. Der menschliche Körper weiß nicht mehr, zu spät, weiter quälen bringt nichts mehr.
Auf der Stufe von Spaß schon lange tot und bewußtlos.
Iß statt dessen die Augen deiner Kinder.
Wenn man an einem Abgrund steht, kann man entscheiden, ob man springt oder nicht.
Wenn man gesprungen ist, kann man nicht mehr entscheiden, doch nicht gesprungen zu sein.

„Stuhlmädchenabort, Teil 666" von Koträppchen und Flaschenblödel, featuring Abort und Clostello.
Non coca scola sed vitaschmalz discomus. (Lat.: Weil es in der Schule kein Kokain, sondern alkoholfreies Bier gibt, muß ich in die Disco.)
Du frißt das Brot des Todes!
Das Brot, das dich nicht nährt.
Erbrich es in den Abort, wie Costello!

Rentner stehlen Pfandmünzen (für Peter Handke)

So glaube es doch!
Es gibt drei Arten von Menschen:
Die erste Art nimmt dich nicht ernst und macht sich hinter
deinem Rücken lustig über dich.
Die zweite Art betrachtet dich mit einem Ekel, als sei sie in
ein Stück Scheiße getreten, so als wärest du ein verschissenes
S-Bahnklo.
Die dritte Art haßt dich so wie Alfdof Hilter die Jusen hasste.

Jemand wird zusammengeschlagen, man zieht ihn aus,
amputiert ihm Finger, Zehen, Zähne, durchsticht die Ohren
und Augen und injiziert ihm eine Droge, mit der er sein Ich
vergißt.
Bitte, Bitte tut mir nichts, ihr gigantischen Walrösser! Ihr
hilflosen Behinderten in eurer unbeschreiblichen Brutalität!
Ich weiß nur noch, daß ich einmal jemand war (Lat.:„Frei
sollst Du sein wie Luft auf Bergen").
Rentner prügeln Hippies tot oder vergiften sie mit Heroin.
Aus toten Adern hängen Deine Zungen.
Und sie lassen Dich nicht radfahren. Sie provozieren und
beleidigen Dich, damit sie Dich ins Gefängnis stecken und
vergasen können. Aus allen Neutronen tönt der „Bad Trip"
des Buhmann. Er freut sich, daß auch Jesus im Sitzen pinkeln
mußte.
Es existieren zwei Dinge: Der Mensch und Gott. Sonst gibt es
nichts. Alles andere zerfällt und zerbröckelt als Imagination
unaufhaltsam, weil es nicht existiert.
Karies, eine Mischung aus Rennauto und Kriegsgott. Weg!
Tote Giganten und Absteiger. Fort!
Bleibt entfernt bis Ihr mich rufen hört!

Bauernschlau haben sie den jüdischen Nachbarn denunziert und sich seines Hab und Gutes bemächtigt und dieses auch Jahrzehnte später am Fiskus vorbei gemogelt und trotzdem die Partei gewählt, weil die angeblich gegen das ganze asoziale Gesocks ist. Sie drohten mit Denunziation, um so die Tochter des Jusen unbehelligt schänden zu können.

Häschen aber war stolz beim Blasen.

Lobet den Herrn. Vollchlore, stinkende Füße, Hallenbäder.

Pfurzende und pfeifende Rentner, die von hinten an die Eier der Kinder greifen und in ihren Vorhäuten puhlen.

The Magician in „Sindbads siebente Reise": „Wir träumen beide den gleichen Traum." und: „Mein Geist eilt in die Zukunft und blickt der Zeit weit voraus, stellt das Wirken Gottes in Frage."

Drohend in die Zukunft gepresst. Deshalb tötet die Rentner, tötet die Wurst, bevor die Wurst euch töten kann. Denn sie tut es, wenn sie kann!

Die künstlerische Arbeit befreit mich nicht mehr.

Nur der Blick auf die Natur.

Kräftige Schauer sind nötig, damit das gesättigte Schweine-fett über dem Stehkragen aus der Halskrause fließt,

so daß „Götter die grüne Zunge vom Frosch der Ehrenwürde schlecken" (Teilweise: „Mirror Man", Captain Beefheart).

Die Schutzpatronin der Rendite verwaist die Krüppel von der Stadtsparkasse.

Nur der Blick auf die Natur ist gut.

Es schmeckt, ist schmackhaft, lecker, bekömmlich und gut.

Gut: Und Gott sah, daß es gut war.

Und Rüdiger Abramczik hat es auch gesehen.

Und David Vincent auch.

Nämlich, daß es gut war.

Aber was war es?

Als ich zurückkam, stand plötzlich ein weißer Mann mit weißen Augen in meinem Zimmer.

Abtransport ins Sammellager, Hebel zuschieben, jene schweinischste Abart asozialen Siechtums muß vernichtet worden werden.

Entfernung der Wahrnehmungsorgane. Ersatzteillager. Ende.

Hurra, Ich hab's hinter mir! Die Neutrinoerscheinung einer Dr. Mengele-Kopie überall.

Brütende Giganten wachsen hoch wie Hunde, ausgepeitscht mit kondensierten Blasen.

Prüfende, aber auch wankelmütige Trümmerfrauen, heutzutage schon tot, greifen nach den fetten Früchten.

Zu spät! Heute geschlossen!

Erhebt Euch!

Befriedigt!

Weist die Chinesen in eure Blödheit ein, verabreicht ihnen kolumbianisch Metalunaingenieure! Alle sind leer. Die Messen voll hydrotrigonometrischer Betulichkeit.

Kauft mehr Händchen!

Verborgene Schätze!

Heute ist:

Achselhöhlenfoltermärtyrertageinkaufswochenende!

„Prost!", sagt der Glöckner von Notre Mastdarm und stellt Limoflaschen mit Salzsäure und Negerküsse mit Stecknadeln drin am Kinderspielplatz ab.

Wie nennt man einen Körperbehinderten, dessen Körperbehinderung darin besteht, daß ihm statt Augen, Mund, Nase 10-12 Penisse aus dem Gesicht hängen?

Pißgeburt!

Und: „Wie sagt ein Japaner, wenn seine Freundin mit ihm Schluß gemacht hat? Votzi Fuji!"

So ergaben sie sich feiernd, lachend und schallend.

Sein Innerstes ist dem Menschen fremd.
Die früheren Ehemaligen verzichten und löschen aus.
„Hörst Du sie jetzt?", murmelt leise Plumps, der Dämon.
Gott offenbart sein Innerstes in Körpersäften und Stuhl.
Und im Salat und im Zusammenhalt, so daß es einen jemals
gegeben hat.

Zuerst lösen die Meister die Muskeln, dann die Knochen aus.
Dann werden Augen, Ohren, Zunge, Hände und Füße
entfernt.
Dann ist der Mensch allein.
Vom Rumpf getrennt.
Kartoffelbrei.
Wie dem auch sei.

Dich hat Gott betrogen!
Tick, Trick und Track aber haben schon immer Gott
betrogen...

Rex Faeces Subito.

Vergasen und vergessen

(begleitet von elegisch vergeistigtem Kirchengeorgel, wie am
Anfang der Katholischen Messe)
„... und so hat Gott Dir das ewige Leben geschenkt, sein
Innerstes und sein Geheimnis offenbart..."
Und Heinz, Detlev, Ingo, Peter suchen Prince Kajuku am
Rande des Zyklopengebietes.
Du:
Irrer.
Arschloch.
Asozialer Bahnhofspenner.
Zigeuner.
Bastard.
Liebster.

Eine Unglückszahl bezahlen. Für alles und immer und ewig
und gestern und morden. Und übermorden.
Unser vergeudetes Sein, verfallen in epophanischer Dürre.
Die Volksvergaser hören auf und bleiben in der Halle beim
Turnen. Bei Alfdof Hilter wäre das nicht passiert. Ich sage
Euch: Bei der Raf hätte man euch entführt, Lösegeld erpresst,
euch mit einem Kopfschuß hingerichtet und im Kofferraum
eines Opel-Kadett in einer Sackgasse abgestellt.
Peter Striemel, Ingo Stolzing, Detlev Schlonz & Heinz Ströhle
sind: Die Deppen, die wirklich alles erschaffen haben, als
Pandora Jimi Hendrix erschuf.

„Dein Gott! Was ist das schon?" (Zitat aus „Ben Hur")
Das Gleichgewicht zwischen Endivien und Solidarität, das
das Menschsein gelingen läßt.
Ein Salat, ein Volk, ein Spulwurm.

Der Obergnoster weiß: Die Lebewesen, Pflanzen, Tiere werden geboren, leben, leiden und sterben. Am Leben zu bleiben und das Leben wahrzunehmen ist das Ziel des Humanum. Das Leben wahrzunehmen bedeutet Erkenntnis und Gerechtigkeit. Doch wenn der Mensch das abstrakte Wesen der Dinge erkennt, findet er sich in tiefer Finsternis. Dann bin ich kein Mensch mehr, sondern ein australischer Beutelaffe auf der Flucht vor seinen Feinden, die ihn jagen. Bitte, Bitte, tut mir nichts! Ich weiß, daß ich ein verlogener, feiger Kanakenschleimer, ein Afterpuler und kommunistischer Kinderschänder bin.

Die, die ihre Augen im Inneren ihres Körpers sehen müssen.

Macht schnell und sterbt.

Dir wird befohlen, so schnell, wie möglich, zu sterben.

Fang jetzt endlich an zu sterben!

Stirb so schnell Du kannst!

Verzeiht

Ihr

Mir:

Dem Amplifierfucker Shoko Asaharas.

Jemand wird zusammengeschlagen. Augen, Ohren, Nase, Mund, Hände und Füße werden ihm amputiert.

Und „es" lebt ohne Identität, empfindet nichts als Schmerz.

Gase bilden sich in seinem Körper, der letztendlich platzt.

Die großen Kühe, geil und kalt.

Die filigranen Lämmchen, scheu, aber warm.

Der Finger im Saft.

Die Hand streichelt Urin.

Black Sun

(Für Lajser Ajchenrand und Ilja Ehrenburg)
Fremde Wesen aus dem All.
Ihr Ziel: Das Jenseits.
Und du! Du versaute Kreatur findest nie die richtigen Worte.
Nicht die Worte der Befleckten jenseits des guten Morpheus
finden dich.
Du ewig unbefriedigter, verfressener, unersättlicher,
ausgehungerter, verzweifelter, hingehaltener Schlauderaff,
sich versehentlich Hamlets goldenen Schuß rein fixend,
erpresst und mißbraucht im Speisebrei zerbrochener
Katarakte.

Und jetzt kommt „er" und haut Dich nicht ganz tot.
Doch wenn „er" auf dich tritt, stürzt die Eselsbrücke ein.

Weggerissen von Onkel Hilters kotscherem Prolocaust, einer
Infamie cernianischen Ausmaßes!
Am vollkommensten zeigt sich das Sein im Nichts, im
vergangenen Sein, das nicht mehr ist, oder nie war und nie
war.
Socrates blickt auf das Meer und erkennt es. Neben ihm
kauert ein Kriegsveteran, dem eine Granate das Gesicht
weggerissen hat. Es wurde ersetzt durch eine sexuell
mißbrauchte Radkappe von Mercedes Benz.
Jüsische Gesichtshaut eignet sich nämlich besser zur
Herstellung von Gesichtern und Condomen. So war der
kleine Shlomo also doch noch tief in Waltrauts finsterer
Votze. Von Innen frisch besamt mit deutschem Hodensaft.
Dröhnende Herrenmenschenhorden, alle mit Vorfahrt, haben
Recht und Verstopfung, sind resolut, lassen sich nichts

gefallen, parken und pochen auf ihr Recht.
Bis zum Platzen quollen die Herrenhundehoden auf.
Und Selbstverkümmerer verhinderten durch gute Tat das neue Leben.
Sie nagen sich aus den Steinen, die der Herr aus Fleisch gemacht hat, und überwachen die Tannen hinter einer Nebelwand aus Sperma, Blut und Blei.

Jahrtausendelange Forschung hat dieses Ergebnis erbracht.
Der typische Kampf des Einzelnen um Leben und Profit.
Es ist bestätigt und „er" rüttelt vergeblich.
Er schaut nach, ob zuhause Kakerlaken, Bakterien und Hippies sind.

Traurig, doch es ist nun mal so.
Berge versteinerter Abwässer wurden gefunden, aber nie entdeckt.
Selbst wenn Kürbiskerne unendlich entwässernd wären, verhielte es sich so.

Claes Oldenburgs gigantischer „Elektrischer Stuhl" mit 69 Trd. Terravolt Spannung, mit der ganze Galaxienhaufen vernichtet werden können.

Starbuck und Mr. Filby treffen sich an Deck der „Pequod":
„Es ist ein herrlicher Tag heute!", sagt Ahab.
Drüben stehen Doug Philips und Tony Newman („Time Tunnel").
Incredible Shrinking Man: „Lächle Du für mich und unterschreib!"
Denn: Mit den Ärmeln stimmt etwas nicht.
Die Ärmel sind zu lang.

Hippochrist

psychisch implodiert
steht in der Bibel und im Grundgesäß
I C H
Bin: Shlomos jüsischer Schleimer „galoppel, galoppel", Ficky
Maus, usw., „wieher, wieher", Donald Fuck!
Hosianna tötet langsam die Bundeswehr, verdaut, kotzt aus
und hat dich furchtbar lieb mit dem Speer in der Brust oder
in der Niere oder der Speichbraucheldüse.
Ohne Ohren aus der Erde.
Was willst du einmal werden, wenn du groß mußt, oder groß
bist?
Ich, für meinen Teil, setzte mich auf die Straße, machte den
Mund auf, damit die Leute kostenlos reinscheißen können.
Ich werde Klo.
Es ist doch schön, wenn Leute ihre Berufung finden, sich zum
Broterwerb nicht prostituieren müssen und Diplomklo
werden.
Jesus, der Präsifant, Machthaber und Eledent und Henry
Ford, gekreuzigt am Fuzikrix. Sie rasen planlos auf einer
blauen Kugel durch leeres Universum. Heiligenbildchen,
ausgemalt von der Bumsbacher Bauernband in der
Gaskammer nachts um halb eins. Pfarrer Salomon sagte
traurig in seinem Haus: „Welche Kreatur sollte schon längst
so hirnpferdepfurzkalkoblöd sein, so einen
Kackstinkkraterkrakenkranken wie mir einzustellen oder
mich irgendwer susutrauen daß doch nich so
weitermachenkannst sagt man, sagt?"
So gehirnkrank, eine Pferdedeproteinsamangst eines brutal
mißkotzten Langhanders, schwulstverzweifelt, hautvernäht,
mundvernäht, augensepariert, abseßverhangen,

schlunzabgesaugt durch riesenschneckenseidenfahlem
Ödemdrang.

Ich hätte aus einer anderen Votze kriechen sollen.

Trittbrettgaffer in der kapitalistischen Parade der Pfennige.

Pferdeproteinversagerexplosionshoffnungsträger, wenn alles
zu spät ist. Dich, dann schon fast.

Aber dort weit weg: im Ernst, welche noch nicht, und das
versenkt wirst du werden wir.

Entbeinungsenthäutungsversalzung der Augen, der Raub des
Augenlichts (der Sabinerinnen).

Das Auslösen der Gesichtsmuskulatur bei Gefangenen, zum
Wohle der Partei.

Dann das Herumliegenlassen der lebendig Entbeinten.

Der Raub der Gebeine, peinlich genau versteuert als
Altersvorsorge. Autobahnringumgehung, stümperhaft
vorbeiläufigst verstolpert.

Alfdof Hilter war der erste Mensch auf dem Mars.

Er hat mich beauftragt, mich zuvor zu verstopfen, damit ich,
hinein geschoben, als Schutzschild versterbe.

Aus dem Mastdarm ausgeschieden, sägt man ihm das
Gesicht ab und näht ihm den Arsch eines Schweines an den
Kopf, damit er sich endlich ähnlich sieht.

Diese Dinge, durch die man hineindringt, daß der Tag zu
Ende geht, sind es, in denen man eigentlich I C H ist.

Das Außen, das einem gegenüber tritt in jenem Moment,
ist eben doch nicht für diesen Moment gemacht.

Laß lieber die Pferde darüber nachdenken.

Denn Pferde haben größere Köpfe.

Der Papst ist krank. The Pope is sick.

Nachts. Im Finstern.

Erloschen.

Antikörper

Parallel vor jetzt.

3. Existenz para Dante.

Der den Vogel küsst, während er fliegt, lebt in der
Unendlichkeit des Sonnenaufgangs.

Das wußte Sagrotan (lat.: Socrates) bereits.

Die verschobene Wiederbelebung einer Stinkbombentorte.

Die mentale Definition der Bimbstonkentoten lautet:
Arbeitsrache und die verursachten Kosten.

Die semitheoretische Praxis der Quasi-Nichtanwendbarkeit
einer beliebigen pseudopraktischen Praxis in der
n-dimensionalen Theorie a prosteriori sine quak non.

Zahndinkel Hirschen Licht Fenster und Vorhang und
Fahrkarte.

Großes Gelächter aus der Unterzahl, Hermaphrosmile aus
verhangenem Gashall.

Ein Hauch des Atems eines vergangenen Gelächters.

Das Gelbe hängt runter, wenn man nie mehr sich wäscht.

Ich tue Buße und wasche mir nie mehr...

Pauline Boty, legendäre Pop-Art-Malerin, hat sich viel zu
früh umgebracht. Schade. Sie war immer bei mir.

Morgen, ein großer himmelblauer Wintertag, auch
„die Harfe der Massenmörder" genannt, die mit
unerbittlicher, gnadenloser Rigorosität ausgemerzt werden
soll mit Stumpf und Stil und Würstchen mit Kartoffelsalat
und die vielen kleinen Zwerge im Kopf und ich verstehe
sofort, wie sie erzählen ...

... vom Lebensbild des körperlichen Menschen, das schön
und brav beginnt, lebhafter wird, allmählich in Aggression

und Hysterie übergeht und schließlich in panischer Angst abreißt.

Wie ein kaputtes Insekt, das sich einnistet und mit Speichel die Wände von innen verkleidet.

Ein Parasit, der sich einwanzt und verfault.

Eine Flöte, deren Klang in Panik zerfällt, koste es, was es wolle.

Du bist gut zu mir.

Sei aber geil.

Antikbiotikum: der Anspruch, der nicht erlischt, erlischt bei Dienstunfallfolgeersatzleistung!

Da!

Da wahren Zusteher, die zuständig sind!

Ich habe sie gesehen!

Mit einer Bimbstonke, einer Bombstinke von Hotzetitten und Hitzetoten bespaßt.

Kompetenz korrespondiert, kontrolliert, oktruiert, onduliert und onaniert.

Ein Spaßtard bei monotonem Abstieg.

Eine imaginäre Dokumentation über die Selbstentbeinung von Guantanamera-Häftlingen, die sich lieber bei vollem Bewußtsein selbst die Knochen, z.b. aus den Unterschenkeln, auslösen, um sich größere Martern zu ersparen.

Hominiden-Schrumpfwurst, entbeint: 0,99!

Jeder muß jeden Tod, der je gestorben wurde, sterben.

Die Infrastruktur der Gesellschaft ist darauf ausgerichtet den Einzelnen unhörbar zu machen.

Der Einzelne kann sich nicht mehr äußern. Er darf nicht und er kann nicht und er soll nicht.

Und es heißt: Er muß nicht.
Und es heißt genauer: Er muß nicht, weil er nicht will.

Die schnell verscharrte Riesensauerei eines erbsenhirnigen
Schöpfers, der sich mit diesem obszönen Werke selbst
besudelte.
Auch Jesus Christus war einmal ein Schwein aus
Bodenhaltung: 0,99!
Reduziert auf 0,29!

Zähneknirschend sieht „er", wie sich aus einem, aus dem
After ausgeleiteten, Fleischhorn, Ungeziefer vermehrt.
Aus den toten Adern hängen weiße Zungen und die neue
Drüse aus blutendem Feuer ist da.
Und Lassies Weg und ihrer Hündin „Coretta" nach Hause
war besonders weit!
Nicht Foto!
Ich bin das Licht.

The Haschgoofys (Synohomomunculusmonopseudo)

Protuberanz und Ouvertüre.
Ricardo Clement, das Gasgespenst aus dem Rauch der wegen
Heroin, Juden und Haschrauchen Vergasten, zerstört die
Einheit des Stammes von Kuno Knäul, F. Gans, Dussel Duck,
H Eitsch Goofy, Ingo Stolzing, Peter Striemel, Detlev Schlunz,
Wishbone Dead, Iron Frankenstein, Satans UFO Sex Show.

Aus Nosferatus Fingerspitzen fliegen UFOs,
fließt der destruktive Saft von Gesine Eisenstein.
Aber Mick Bolton fängt die UFOs.
Grand Funk Live 2001 bei Möbelmahler in Wolfratshausen
als Vorgruppe von Rex Gildo vor 12.000 Zuschauern in der
proppenvollen Polstermöbelabteilung.

Mercury Gemini Space Tabs. Alle sind tot.
First Walk Outside Space. The Jupiter Relatives.
Staff Carpenborgs Relativen des Jupiter.
Christus betet Jupiter an. Second Walk in endless Space.
We need more endless Space in „unserer Heimatgalaxie".
Passiofaszinierte Gammlerpenner, bzw. Diplomgammler, ist
was anderes als Penner. Der Mond stürzt ab.
Die Heroin-Morphium-Opium-Canisbinol-Jerry-Garcia-
Sterbehilfe. Die Erde rotiert.
Kuno Knäul als daltreyscher Lassomikrophoner und neuer
Leader der Rollingstonesdorfer mißbraucht.
Er, ein Opfer der Schadenfreude aus der die Verbrecher von
morgen klug werden.

Ich werde pro Tag einmal erschossen von Feinden.
Atompilzmenschen erschießen mich zigmal pro Tag.

El Alamain Cowards knee down: "VDK-Master, Ì will bring you where you want to be!"

Antwort A, Antwort B: War es Donald oder Jesus der gekreuzigt wurde oder wurde er hypnotisiert?

Jemand sagt, daß er Christen blöd findet, weil es doof ist, am Kreuz zu sterben.

„The Happy Flys" und Jürgen Rostecks grandioses Bildnis „Christus mit Dornenkrone".

Achmed Rosenbaum, Jingjang Schnackselberger und Shlomo von Laden verenden in der Dichte der Masse der RNA.

Alles Höhlenmenschen Live auf afri-Cola.

Die Entwicklung von Hapshash And The Coloured Coat zu Staff Carpenborgs Gehirn, das niemals brennt.

Jürgen Rostecks zweites Monumentalgemälde:

„Franz Gans: Großmutters Tod".

Es zeigt Oma Duck, die sich selbst in ihrem Kuhstall erhängt hat, weil sie ihre Schmerzen nicht mehr ertragen konnte.

Jupiters Gammler deutschwamslern schon im Garten Eden.

Wumsdeutschlern ist ungeschützter Geschlechtsverkehr mit Gasmaske. Schon seit langer Zeit.

Tut-elch-Caesar vor 5 Minuten auf dem Klo eingeschlafen.

Ist das hier eine Wurscht, ein Hamburger oder ein Vernichtungslager?

Manchmal ist es so spät, daß alle schon tot sind, maßlos begast... .

Bitte, keine Hippies vergasen!

Eher nachforsten und Bananen verteilen!

Der Untergang Deutschlands

Sämiges Wetter in Entenhausen.
Eine dringende Durchsage von Frankenmaus:
„Würstel werden billiger, weil das Wetter so schlecht ist!"
Wolken ziehen vorbei, Vögel sitzen auf ihnen, Dozenten
schaufeln Giftgas und schaufeln neues Land.
Kuno Knäul war ein guter Typ und jetzt ist er leider tot.
A Worry Story. Es gibt sie also doch: Die indische
Monoexistenz. Die Wadagadbitta bestätigte bereits vor 12.000
Jahren den Verfall des Todesgoofy.
„Mein Gott!, Goofy ist tot!" („The Unfolding")
Der Hintergrund der Menschheit, bzw. deren evolutionärer
Zerfall, als landschaftliche Geschlossenheit mit Logos aus
dem Tertiär und Schaufenstern aus der Kreidezeit.
Der Mond entsteht am Firmament, eine Afrodisiermaschine
für Grünalgen.
Kuck! Die wollen tatsächlich nicht Rick Raphaels Wolle der
Frankensteinchristen! Stattdessen lächeln sie in lebens-
gefährlicher Situation und definieren!
Demokrit erkennt man daran, daß Leute das, was sie nicht
verstehen, doof finden.
Demoliert Demokrit!
Tötet die Neger, tötet die Jusen, tötet die SPNSU, tötet die
Deutschen, tötet alles Leben, tötet die Toten, tötet dich selbst.
Laß Frankensteins Kreatur Bomben in das Zuckermäulchen
der Süßen pinkeln. Sie kann nichts dafür. Er auch nicht.
Das sagt alles.
Legal, illegal, scheißegal, Senegal, Portugal.
Eine Kolinullisationsmachthabermacht. Eine Großmacht, die
groß muß. Da hat einer abgebayert.
Es deutscht. Braune Scheiße taumelnder Strauchler deutscht.

Der Selbstmord aller Völker.

Volker aller Völker vereinigt euch, wenn ihr schwul seid.

Egalite, Liberte, Fraternite, Fatalite.

Leopardo Ungaretti: „Wau Wau! Wi wählen die Ei Ei!".

One for Konrad, dem Hund.

„Ku Klux, Ku Klux!", rufts aus dem Klan.

Die Panzersemmel: Das stinkende Brot des Todes. Das Brot, das niemals nährt. Die Invasion der Semmeln macht uns schrecklich Angst. Durch Nahrung, Insulin, Irminsul und Vernichtung.

Der gesamte Wirkungsgrad der Zivilisation.

Der Christusstein, Stein der Frankenchristen.

Wir haben Angst.

Das schmeckt.

My Live Is Over! Don't Worry!

Next Time I'll Do Better! For Sure!

It Was The Time I Met Cybill Tauros.

Ein Junge sieht eine Wolke am blauen Himmel. Er meint: „Die Wolke denkt sich: Wenn ich einmal groß bin, werde ich ein Gewitter." Der Junge kommt ins KZ und wird vergast und verlässt als Rauchwolke den Kamin und wird eine Wolke.

Die Zähne sind die Finger des Kopfes. „Keep Your Hands On The Eyes, And Your Wheel Upon The Road!"

Schnell, wegleben! Also, klar, daß Null!

Abspann: Das Räderwerk der Erpressung gestaltet von Dr. Tobias Tuntennippler-Eigenkraus.

Herausgegeben von: Sespastian Sudelsimpler.

Und jetzt: Husch! Husch!

Ab zum Pyramidenbauen!

Der Papst auf dem Mond (Todesgoofy)

Den Menschen als tragische Figur verkehrt promoten.
Punish And Create.
Halluzinatorische Szenerie praktizierter Barbarei.
Unsinn von oben und Koexistenz: Ihr werdet uns fehlen!
Die furchtbare Folge irrealer Infusion, bzw. die Epsilon-
Umgebung der Dinge, die da, aber nicht wahrnehmbar, ist.
Amen und Schade...
The Ghandis
Frankenzilla ...
Du dreckige Hure, wie sie dich nannten, warst so schön und
bist verspottet worden ... Pauline Botty.
Der Himmel ist psychedelisch! Deine Welt ist schön!
Unsere Welt darf nicht sterben! Wir wollen nicht sterben!
Helft mit, daß unsere Erde nicht stirbt! Helft den Kranken!
Helft den Toten! Helft, damit die Welt, in der die Menschen
leben dürfen, nicht stirbt!
Keine Angst! Denn der Sohn Gottes ist für sie nur ein
verschissenes S-Bahnklo.
Ein chinesischer Oligarch nutzt die Gunst der Stunde.
Und kann mich kreuzweise am Hut stecken.
Nacional Medellin – Penarol Montevideo.
Herbert Reinecker: „Tod einer Schmeißfliege".
Jesus ist auferstanden, um lebendig zu verbrennen.
Macht aber nichts, denn bei meiner verbrannten Katze ist es
sowieso wursch.
Sie kann den Schmerz nicht aushalten und verzweifelt.
Gott sei Dank!

Die Wolken kristallisieren sich in Zeitraffer zu knuspriger
Antimaterie und werden wie Zäpfchen, wie Zeppeline auf

mich und Günter Blums Invasoren als kleine Wölkchen
abgeschossen.
Die Zäpfchen fliegen ganz langsam aus dem Himmel.
Sie fliegen auf mich herab in Zeitlupe.
Sie fliegen herab und zerplatzen ganz langsam.
Ihre Splitter tropfen und drehen sich um sich selbst.

In einer entropischen, energie- und materielosen Welt in
zigtausend Trilliarden Jahren stehe ich immer noch allein auf
einer Säule und kann mich immer noch nicht hinsetzen... .

Der abgeschnittene Kopf auf dem Karussell in der
Mikrowelle, der sich dreht und nach jeder Drehung noch
verkohlter und verschrumpelter aussieht.
James Marshall „Ugly Custard" Hendrix: guitar; Sandy
Chaplin: bass; Raphael Rosenbach: drums.
1966: Live In Stonehenge.
At The Druid-Experimentation-Sit-In, playing for a few
people in the ruins of a lost culture, about that we know
nothing, except that they were people like you and me
suffering the same stresses we do ... .

Gary Cooper („High Noon") hieß in Wirklichkeit Detlev
Schlunz und er stammt aus Tilsit und bombardiert das
Firmament.
War er der Vater von Pernell Roberts?
Oder der von Helga Wannenmacher?
Schon wieder möglich.
Die Zunge verstopft die Mundhöhle.
Ein riesiger, schwarzer Schlund, eine mehrere hundert Meter
hohe Wasserpflanze saugt mich langsam ein, entbeint und
verdaut mich...

Und Schweinchen Schlaus Alptraum war folgender:
Waffen ohne Piloten.
Die Unterstützung durch Sofortmumifizierung.
Brilliante Taktik, sehr berühmt und sinnlos.
Ein Gast, eine Masse, eine Maßnahme, eine Meisterleistung.
Wasser aus einer Flasche laufen zu lassen.
Inkarnation, Dekarnation (in Guantanamaica),
Transkarnation, Hyperkarnation.

„Kuckuck", einer der maskierten Eindringlinge entdeckte das
Mädchen, das sich unter dem Tisch versteckt hatte, beugte
sich zu ihr hinunter, sagte „Kuckuck", und schoß ihr in den
Hals.
„Bäh!"
„Sei Mensch! Sei Sack!", sagt Odysseus (Jack Lemmon).
Von Satan für Satan.
Brumm! Brumm!
Tröt! Tröt!
Tüt! Tüt!
Töt! Töt!

Habakuk

Scheiß-Ingo mit kaputter Maultrommel, ausgelacht von uns.
Hysterisch endend, halbwegs nur prophezeit der Verfluchte.
Verschüttet nachts seine Lache, stinkt.
Fett, Eigendurft, die in sich selbst werden und dann
gehorsam den Atem anderer verblassen.
Besiegt den schon erschöpften Tantalos immer wieder.
Brav vernichtend, unbefleckt, absolut in einer Klarheit, die
blendet, nie verzeiht.

STOP!
„ich habe euch alles versprochen, nun habt ihr alles
bekommen"
„und es tut nicht weh, wenn es nicht mehr an euch dran ist"
Die faule Stelle am Docht, wäre sie doch einsam, dann
leuchtete sie!
Sanftes Wühlen in der Wurst vor dem Loch an der Wand.
Es ist soweit!
Jetzt wird es geschehen!
Oh, Habakuk!
Es geschah!
Es war!

Tiefes Meer, Kälte und finstere Nacht, aufgewacht!
Die Hälfte des Mondes vibriert, andere Hälfte kopiert.
Kacke quillt aus den analen Öffnungen bettlägeriger, fahler,
dementer, ehemaliger Aufseher.
Aus deren After hängen Condome, die platzen.
Gierig lecken die Schwestern die vollgeschissenen Condome,
aus denen der lauwarme, püreeartige, weiche Kot in ihre
Münder quillt.

Beim Husten eitert es, während dem Lecken, weil die Hoden und die zerrissenen, tropfenden Condome in ihre offenen Mäuler hängen.

Charlton Hestons Füße in „Ben Hur", als er nach der Seeschlacht den Zenturio aus dem Meer auf das Floß zieht und ihn, gegen dessen Willen, rettet.

Der Mond vergeht, der Mond ist vergangen.
Nun ist der Mond vergangen und verzehrt.

Wiederholbarer Retorten-Psycho konvertiert zum Judentum und bekommt die Hand abgehackt.
Neugeborene bekommen immer die Hand abgehackt und als Hämorrhoide an den eigenen After, der ihnen zusteht, angenäht.
Als Bonusgutschein für jeweils eine Relation.
Von vorne und von hinten.
Von oben oder unten.
Habakuk´s ohnmächtige Hämorhoidenhand.
Black Depression.
Black Depression.

Sunshine Absurd

Die Micky-Into-Elefant-Elefantasmagorie-Wolke für Roman
Opalka und Lajser Ajchenrand.
Eine Verglumpfimpfung von Gustav Glumpf und den
Tonträgern. Retten wollten sie, nicht töten!
Rudeltröt mit Schüsselausschlecken und die alten Nudeln im
Klo mit meiner verbrannten Katze.
„Nudeln in einer Kloschüssel mit meiner verbrannten Katze"
war meine Abschlußarbeit in der Klasse von Joseph Beuys an
der Akademie der Bildenden Künste.

Die Wolke, aus der man nicht ungefähr kann, dann aber doch
als Addikt der Proklamatoren und Provokateure.
Weine deswegen!
Auf dem Boden lagen die Hände, auf die das Blut des
Geschächteten tropfte.
Er, der dir wünschte, daß du am Tod deiner Kinder zugrunde
gehst durch scheinbar selbst auferlegte Allosterische
Hemmung.
Die Story des Irak-Soldaten, dessen nur noch linke
Schädelbasis lebt und der um Hilfe winkt, während er sich in
voller Montur im Säureschlamm auflöst.
Weil er nicht mehr zu retten ist, verbrennt man ihn, wandelt
ihn um in Feng Shui Beton, um das Grundwasser nicht zu
verunreinigen.
Gott kann nämlich scheißen!
Bravo Bahlsen!

Odysseus ist überarbeitet. Er kann die Hilferufe nicht hören!
Hör doch Du! Du bist doch Hörer!
Merk Dir! Gehirnhautentzündung!

Vorsicht: Gehirn haut! Gehirn out and Zündung!
To Bring A Man On The Moon!
Walfischwolke, ich kann nicht mehr! Keimfüßig ihr Maul, das fließt, faltet Autobahnen, wie die Blüten einer Trommel.
Die das nochmal hören, sind nur für dich da, nur dich wollen sie. Sei deshalb da für sie, in der richtigen Reihenfolge, wie Waschmittel!
Am Boden lagen die Hände, auf die das Blut des Geschächteten tropfte.
Tut doch die Finger aus mir raus!

Dussel Duck und Kuno Knäul sagen, daß die Singulonen eine nicht wahrnehmbare, intranukleare Mikroexistenz sind!
Aber: Die Wolke, knistert am blauen, heißen Himmel, wird herunter geworfen, bekackt heimlich die aufblasbaren Schenkel der Afri-Cola-Puppe.
Vom Hörensagen weiß ich, daß es nicht gut ist krebskrank zu sein und den Vertrag sofort zu Konditionen abzuschließen.
Aus dem Fenster auf die Birken schauen und ihr Neger seid doch alle irre.
Sie singen aus der Konserve mit dem Heu der Maschinen, erwirtschaften riesige Kopplungen aus Öl, schwer von den Trichtern Gullivers holdem Block, durch Metainformeln verwelkt.
Fluchtpunktperspektive: Aber! Das ist doch Entenhausen!
Mein Gott! Ist das schön! Bewaldet. Urbar gemacht. Der Sohn Gottes gekreuzigt. Der Sohn Gottes mit Schnuller im Auge.
Wie witzig!

Man sagt, daß die anonymen Stehpinkler meine Katze verbrannt haben.
Es wird ihre eigene Schuld gewesen sein.
Aufgehängt wahrscheinlich hätte ich die aidskranke

Jesuitenschwuchtel mit einem selbst imprägniertem provisorischem Dildo, zusammen gebastelt aus vier Bierwärmern, bis sie aussieht wie ein abgenagter Oberarmknochen.

Der Zerfall der Staaten, dann das Aussterben des Menschen. Das allmähliche Zerbröckeln des Sonnensystems.
Nur: Wer waren wir damals, als wir zerstört wurden?
Wer war ich, bevor ich getötet wurde?
Meine Haut löst sich von den Sehnenwänden.
Und die sickern dann in den Teppichboden.
Wie schnell das weniger wird.
Ist das meine Ader oder die von dir?
Jack Elam, Lee Marvin, Richard Widmark und Peter Wyngarde sind jetzt keine Menschen mehr, sind weißer Schleim geworden.
Die Mannschaft kann stolz auf sich sein.
Jetzt! Reproduktion, oder nein! Rückkehr des Alls.
Im Jahre 2099, oder: 2365.
Ruhm und Ehre, Tod, Elend, Verdamnis, Verführung, Lästerung, Schändung, Erlösung und dann doch noch der Sieg; die Niederwerfung der verfeindeten „..., im Kranz der Meteoriten, der uns umgibt!"
Prägung und Folgsamkeit.
Ähnliche Öffnungen der Munition.
Jesus Forgotten.
Tiberianisch verpisst.
Großartig.
Gestülpt.
Ganz sacht.
Gibt auf.

Letzter Wille

Eine Pille.

Ich möchte mich freiwillig einschläfern lassen.

Schaiseh! und Dschung nicht mehr erinnern müssen.

„Hielphähh!"

Abforsten!

I C H, denunziert als stinkender, arbeitsscheuer,
kommunistischer Kinderschänder.

Zu meiner Zeit hätte es das nicht gegeben! Bei der RAF hätte
man mich entführt, Lösegeld erpresst, mit Kopfschuß
liquidiert, im Kofferraum eines Opel-Kadett, in einer
Sackgasse abgestellt!

Wenn ich weiß, daß ich ...

dann ...

Nachts im Traum hab´ ich das Abi noch nicht. Ich bin
traumatomatisiert, du angeseuchter Wolkenversammler!

Deine sowieso ruchbare Einverleibung schmutzigen Atem
versendend, verknittert, verbittert und vernichtet durch den
Deutsch-Runenhaß rigoroser Erbarmungslosigkeit schlicht
und gediegen, jedoch abserviert und dekoriert.

Die Systematik der kompletten Denaturierung des Bonum
Humanum.

Sharon Tandy, Bob Dylan´s geile Nutte, ja!, du kannst sie
schaffen! Ben Hur hat sich mit letzter Kraft den 365. Orgas-
mus herausgewixt.

Aber der Potentat war geiler, Benefick Sixtynine,
Elektronenvergesser und uraner Philopomposknecht.

Alles Böse war in dieser Welt.

Nicht in mir.

Die von der Abendsonne angestrahlte Wolke ist weiter weg
als der Mond.

Auch Stan und Ollie sind jetzt in Auschwitz.
Sie spielen dort am rosigen Vötzchen ihrer Süßen bei Suppe,
Sehnsucht und Sinnsuche.

Ein Hut hat prophylaktisch keine Ärmel beim Gießen
ausgewalzter Köpfe unerwarteter Bergung, gefallener
Bestattung. Einst verhungert im Panzer bei Musik von unten.

Dies war also die Geschichte des Shlomo „Bonito" Heinzel,
der 1942 in Oberammergau aus der katholischen Kirche
austrat und zum Judentum konvertierte.
Dort, in den stockkonservativen, bayschisserischen
Elendsvierteln von Elmiau.
Als eine Art Stück Natur in einem ungeschützten Gebiet.
Weil die Milderung der Härte unter schwerster Belastung
unterworfen war der Suppe für Zigaretten reumütiger Toter.
Aufrecht Inhalierte verballern sie als verbalisierte, absurde
Konsequenzen.

Die verlorenen Füße aus dem Wald!
Des Unterchors knapper Linienmasten!
Der kluge Mann läßt erst dann morden, wenn die Kraft des
Feindes erloschen ist und die Herkunft der Evolution
erdunkelt.
Alles muß raus!

Wolkenerbauer, du!, der Riesengroßes ausschnauft!
Du Schnaufer, der große Wolken atmet!
Du vergrößerst dich aus dem Hartung!

Death Of An Ape

Gehirnzerstörte Pfadfinder erhalten ihren harten Schanker.
Zeitlupenköpfe verflüssigen explodierende Leichen und
sagen, daß die Leute diesen Tolstoi-Scheiß nicht lesen sollten.
Die alte Mrs. Coe lebt immer noch in dem Haus, in dem sie
einmal starb.
Sie verschlingt die beneidete Belästigung.
Forrester is a phantastic profession.
„To land a man on the moon and bring him safely back to fii
ööhf."
Verfettet und verschrumpelt eröffnen die Jäger.
An einem trockenen Platz lagern und ohne Gesicht lächeln.
File Under Popular.
Metzgermärchen erzählt, in einem KZ für Käse, den die tote
Maus in deinem Nachttopf gefressen hat.
Gib Steinteigpilze in die Suppe, die nie aufhört, vor der
Invasion der Majdanek-Schaufel.
Die Rückkehr der Rotation im linken Schläfenlappen.
Der Maggi-Holzkohl schmeckt sehr gut.
Existenzialisten angeln auf dem Parkplatz Eselsohren.
Push Button.
Man Dies
The Death Of An Ape.

Anmerkung

Stefan Singers Lyriktexte entstanden zwischen den Jahren 2002 und 2008, in einer Zeit, in der er sich wieder verstärkt der Literatur widmete. Ihre postmodernen Begrifflichkeiten und allegorischen Verdichtungen zeichnen ein Bild der Gesellschaft, das der Personalität des menschlichen Individuums nicht mehr entspricht. In zynisch-sarkastischer Sprache werden moralisch-politische Verwerfungen aufgegriffen und entwickeln sich weiter zu apokalyptischen Szenarien. In theatralisch anachronistischem Duktus werden, teils augenzwinkernd, alttestamentarische Höllenvisionen, ähnlich denen eines Hieronymus Bosch, verknüpft mit kitschig anmutenden Bildkompositionen einer ebenso desolaten Gegenwart. Dabei mischen sich Vokabular und Stilistik von Popkultur und Wissenschaft mit den Stereotypen und Eulogismen klassischer antiker Vorlagen und werden zu einem miteinander und untereinander kommunizierenden Konglomerat zur Beschreibung der Conditio Humana verarbeitet.

Die Aussichtslosigkeit menschlichen Strebens, die Eigentümlichkeit des Menschen als soziales und politisches Wesen, eingebunden in die Ziellosigkeit der Evolution und einen immer abstrakter erscheinenden Determinismus von Existenz und Identität, werden verdichtet zur nihilistischen Perspektive eines Horror Vacui, der in einen letzten Schimmer Hoffnung mündet: Einsicht, Vernunft, Liebe und Erlösung durch Selbstaufgabe.

Die vorliegenden Gedichte sind, trotz ihres stellenweise drastischen Vokabulars, weder als menschenverachtende Beschimpfungen noch als Diffamierung von Randgruppen oder Minderheiten zu verstehen, sondern sie legen Doppelmoral, Nutznießer- und Pharisäertum einer richtungslosen und opportunistischen Gesellschaft offen. Sie zeigen die brutalen

Mechanismen einer hedonistischen, emphatielosen und neo-liberalen Konsumgesellschaft, in der die historischen Ereignisse und sozialen Entwicklungen in den verschiedenen Generationen tiefe Wunden der Spaltung und Unversöhnlichkeit hinterlassen haben.

Es ist Literatur für diejenigen und über diejenigen, welche in ihrem Leben am liebsten alles noch einmal, aber vollkommen anders machen würden. Es ist Literatur für diejenigen, die ihr Leben und Handeln als vergeudeten Irrweg erkennen und ihren verpassten Chancen hinterher trauern. Die Gedichte spiegeln die Erfahrungen von Benachteiligten und Betrogenen, die mit ihren Enttäuschungen nicht fertig werden, und, vom Leben überrollt, dazu verdammt scheinen, neidvoll auf diejenigen blicken zu müssen, denen aus ihrer Sicht scheinbar alles mühelos gelingt. Es ist Literatur für diejenigen, die durch Ausgrenzung, Verächtlichmachung und Geringschätzung zugrunde gehen, und denen in ihrem Untergang nur Hohn, Spott und Verständnislosigkeit begegnen.

Sadistische Perfidität, die Unterdrückung Wehrloser und deren Nötigung werden ebenso thematisiert wie die durch nebulöse Machtstrukturen sanktionierte Unterwanderung von gesellschaftlicher Solidarität durch die zunehmende Polarisierung einer, von einer herrschenden Schicht lediglich als Masse verstandenen, „Grundgesamtheit" Mensch.

Der einzelne Mensch erscheint reduziert auf ein Dasein als Kosten- und Nutzenfaktor, als Bestandteil eines Pools von Humankapital, dessen Elemente durch Panik und Bedrohung ihrer eigentlichen Bestimmung und Identität entgleiten und verloren gehen.

Peter Striemel, Entropiehupe

Inhalt

Vom selben Autor

Sumus Humus (Ein Traumspiel); 68 Seiten
ISBN 978-3-756-22604-7
Sumus Humus beschreibt eine fremde Welt, in der wir leben und deren Teil wir sind. Wir befinden uns in einem Zyklus aus Geburt und Tod. Der Ablauf des Lebens führt den Leser durch eine absurde Welt alptraumhafter Zufälle, hinter denen sich die bittere Gewißheit des Unbekannten und Bedrohlichen verbirgt.

Uranic Spell (oder: Protokolle aus den Träumen eines Angstpsychotikers im Wachkoma); 250 Seiten
ISBN 978-3-756-82009-2
In Stefan Singers zweitem Roman verarbeitet sein Protagonist traumatische Erlebnisse, Erinnerungen an Mißbrauch und Reflexionen über seine soziale und personale Situation zu alptraumhaften Exzessen.

Bang Out (oder: Über die Hysterie des Verzweifelten in der Verbannung); 156 Seiten
ISBN 978-3-756-84485-2
Bang Out ist die Weiterbearbeitung von *Uranic Spell*. Stefan Singer führt hier die Reflexionen seines Protagonisten über traumatische Erlebnisse und Erinnerungen an seine soziale und personale Situation fort.

Calling Fisherman (oder: Über die Isolation des Vertriebenen im Hasengrab des Vorverurteilten); 188 Seiten
ISBN 978-3-757-82462-4
Stefan Singer beschreibt in Calling Fisherman den Mythos des von der Gesellschaft Ausgestoßenen, an den sich niemand erinnern will, und der, in der Isolation und Verwirrung orientierungslos geworden, sich in Erinnerungen und Verstrickungen seiner Vergangenheit verliert.